AF603113

13 janvier 1908 PN

VENTE AUX ENCHÈRES PUBLIQUES

Après décès

EN UN HOTEL SIS A PARIS

Rue Alfred-de-Vigny, n° 4

Les Lundi 13 et Mardi 14 Janvier 1908

IMPORTANT MOBILIER

DE STYLE RENAISSANCE ET LOUIS XVI

Bronzes d'Art et d'Ameublement

MARBRES, TABLEAUX

PORCELAINES, FAIENCES, OBJETS DE VITRINE

TAPISSERIES ANCIENNES

TAPIS D'ORIENT

COMMISSAIRES-PRISEURS

Me LUCIEN VERON — Me F. LAIR-DUBREUIL

EXPOSITIONS

PARTICULIÈRE : *Le Samedi 11 Janvier 1908* } *de 1 h. 1/2 à 5 h. 1/2.*
PUBLIQUE : *Le Dimanche 12 Janvier 1908* }

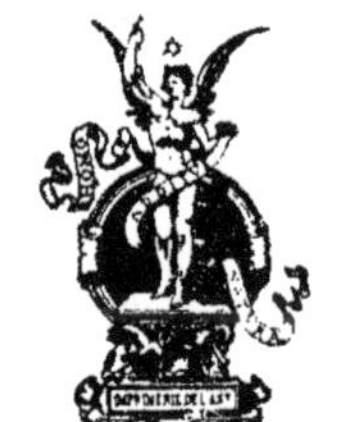

CATALOGUE

D'UN

Important Mobilier

DE STYLE RENAISSANCE ET LOUIS XVI

Salle à manger en noyer sculpté de style Renaissance. — Deux Meubles en marqueterie de bois garnis de bronzes, de A. BEURDELEY

BILLARD DE GUÉRET — PIANO 1/2 QUEUE D'ÉRARD

Ameublement de Salon en bois doré et Tapisserie d'Aubusson du temps de Louis XVI

BRONZES D'ART ET D'AMEUBLEMENT

STATUETTES, VASES, JARDINIÈRE, LUSTRES, SUSPENSION, APPLIQUES, GARNITURE DE CHEMINÉES

MARBRES

Belle Cheminée en marbre blanc garnie de bronzes, Époque Ier Empire
Statue grandeur nature de LE QUESNE

TABLEAUX — DESSUS DE PORTES

Important Tableau par G. CLAIRIN

PORCELAINES, FAIENCES, OBJETS DE VITRINE

Tapisseries d'Époque Renaissance et XVIIIe Siècle

TAPIS D'ORIENT — TENTURES

DONT LA VENTE AUX ENCHÈRES PUBLIQUES, APRÈS DÉCÈS, AURA LIEU

EN UN HOTEL, SIS A PARIS

Rue Alfred-de-Vigny, n° 4

Les Lundi 13 et Mardi 14 Janvier 1908

A DEUX HEURES

COMMISSAIRES-PRISEURS

Me LUCIEN VÉRON	**Me F. LAIR-DUBREUIL**
14, Quai de la Mégisserie, 14	6, rue Favart, 6

EXPOSITIONS

PARTICULIÈRE : *Le Samedi 11 Janvier 1908* } *de 1 h. 1/2 à 5 h. 1/2.*
PUBLIQUE : *Le Dimanche 12 Janvier 1908* }

CONDITIONS DE LA VENTE

Elle sera faite au comptant.

Les adjudicataires paieront *dix pour cent* en sus des enchères.

ORDRE DES VACATIONS

Lundi 13 Janvier 1908

Porcelaines montées et non montées. — Faïences, Verreries.
Objets de Vitrine. — Partie des Bronzes. — Partie des Meubles.

Mardi 14 Janvier 1908

Tableaux. — Suite des Bronzes. — Marbres. — Suite des Meubles.
Ameublement en Tapisserie. — Tapisseries, Tentures, Tapis.

Paris. — Imprimerie de l'Art, Ch. Berger et Cie, 41, rue de la Victoire.

DÉSIGNATION

PORCELAINES
MONTÉES ET NON MONTÉES
FAIENCES — VERRERIES

1 — Vase en porcelaine de Chine bleu empois, à décor d'arbustes en blanc, monté d'un candélabre en bronze à six lumières électriques.

2 — Vase en porcelaine bleutée et craquelée de Chine, surmonté d'un candélabre à six lumières électriques en bronze poli. 260

3 — Paire de grands vases en porcelaine gris craquelée de Chine, décor de pampres et de grecques en bleu, surmontés chacun d'un bouquet en bronze poli, à huit lumières électriques. 610

4 — Grand vase en porcelaine de Chine, décor de fleurs et d'oiseaux en émaux de couleur, col et base en bronze doré, supportant un bouquet de fleurs de lys en bronze, à neuf lumières électriques. 3720

5 — Grande jardinière en porcelaine fond jaune, à décor de fleurs et de feuillages en bleu et blanc. Style chinois. 265

6 — Grande vasque en porcelaine de Chine fond vert, décorée en relief d'objets d'ameublement divers. Support en bois sculpté, orné de bronzes ciselés. Style chinois.

7 — Deux grandes vasques en porcelaine de Chine, décor à paysage en bleu, sur socles en bois sculpté et doré.

8 — Bustes de Louis XVI et de Marie-Antoinette en biscuit, sur socle en porcelaine gros-bleu et or.

9 — Deux groupes en biscuit, représentant des couples de danseurs tenant des guirlandes de fleurs.

10 — Groupe en biscuit : l'Enfance de Bacchus.

11 — Vase en faïence de Delft, à décor chinois en bleu ; monture en bronze ciselé et doré, de style Régence.

12 — Vase en céladon vert de Chine, couvercle figurant deux chimères ; monture en bronze.

13 — Perroquet en porcelaine, formant flambeau à deux lumières, sur terrassement en bronze, de style rocaille.

14 — Petit coffret en porcelaine blanche, décor à semis de roses.

15 — Petit encrier en porcelaine blanche, décoré de guirlandes de fleurs ; monture en vermeil ciselé.

16 — Paire de vases en faïence de Delft, décor bleu sur blanc ; montures en bronze doré.

17 — Paire de vases en porcelaine craquelée de Chine, cols et bases en bronze.

18 — Figurine d'homme vêtu d'un habit vert, porcelaine d'Allemagne.

19 — Statuette en porcelaine, représentant l'Europe.

20 — Paire de vases en porcelaine, à décor chinois, de fleurs et d'armoiries; monture en bronze ciselé et doré.

21 — Éléphant caparaçonné en porcelaine, sur terrassement en bronze ciselé et doré et supportant une corbeille de fleurs en porcelaine.

22 — Groupe en porcelaine de Saxe : le Joueur de flûte.

23 — Paire de salières doubles, forme paniers, en porcelaine de Saxe.

24 — Buire en verre de Venise.

25 — Vase porte-bouquets en verre de Venise.

26 — Deux vases porte-bouquets en verre de Venise.

27 — Deux grands plats en porcelaine du Japon, décor polychrome.

28 — Paire de grandes potiches couvertes en porcelaine du Japon, rouge et or.

29 — Plat rond en faïence japonaise, décoré d'un personnage et de vases de fleurs.

30 — Paire de vases en faïence fond bleu, à têtes de Méduse.

31 — Éléphant en grès de Chine émaillé vert.

32 — Grand vase en verre brun de Gallé, à décor d'arbres en relief.

33 — Surtout de table en biscuit.

34 — Vase en porcelaine de Chine rouge haricot; monté en bronze doré, de style Louis XV.

35 — Vase en faïence hongroise émaillée, fond gris à bande bleue.

36 — Grande aiguière en faïence hongroise, émaillée en couleur, décor ajouré.

37 — Grand vase en faïence hongroise. Le col à palmes, la panse décorée de médaillons à fleurs.

38 —Deux coupes en porcelaine de Chine, décor à personnages; montées en bronze.

39 — Paire de vases en porcelaine bleu-turquoise, décorés de gouttes d'émail; montures à cariatides de femme en bronze doré.

40 — Paire de cache-pots en porcelaine fond rose, décorés de médaillons à fleurs et personnages.

41 — Coupe côtelée en porcelaine du Japon, décor à fleurs; montée en bronze doré. Style Louis XV.

42 — Service à liqueurs, composé de trois flacons et seize verres en cristal; montés en argent repoussé et ciselé, plateau à fond de glace monté en bronze doré.

OBJETS DE VITRINE

43 — Éventail d'époque Louis XVI, feuille peinte à guirlandes de fleurs et médaillons à figures de danseuses. 150

44 — Éventail d'époque Louis XV ; monture en nacre, parties dorées ; feuille gouachée à sujet champêtre. 400

45 — Deux petits éventails en tulle brodé.

46 — Éventail en nacre rehaussé de dorures, époque Louis XV ; feuille peinte à sujet : le Colin-Maillard. 150

47 — Éventail en ivoire d'époque Louis XVI ; feuille décorée de fleurs, d'insectes et d'instruments de musique, enguirlandée de paillettes.

48 — Deux éventails en corne découpée. Commencement du XIXe siècle.

49 — Quatre petites statuettes d'amours musiciens en biscuit.

50 — Deux petits vases en biscuit, décor à guirlandes de fleurs et têtes de béliers sur piédouche en vermeil ciselé.

51 — Bonbonnière en cristal gravé ; monture en argent ciselé et doré.

52 — Flacon en argent gravé, avec couvercle et socle en vermeil.

53 — Deux sphinx couchés à figures de femmes, en biscuit, sur socles en bronze, contre-socles en marbre. 100

54 — Petit sucrier en porcelaine, décorée de fleurettes et de médaillons; monture en vermeil ciselé. Style Louis XVI.

55 — Boite à cigarettes en bois de thuya, garnie en argent doré et ornée d'une petite peinture à sujet maritime.

56 — Loupe montée en argent ciselé, manche en porcelaine, à décor coréen.

57 — Grande bonbonnière en cuivre doré, ornée sur le couvercle d'une miniature : Portrait de femme Louis XVI.

58 — Boite, forme Louis XV, en émail, décorée d'un sujet champêtre et de fleurs.

59 — Vase couvert en argent repoussé, décoré de feuillages en relief.

60 — Petite coupe en marbre, montée sur trois pieds en bronze argenté.

61 — Petit vase à couvercle en porcelaine, à fleurs et branchages en relief.

62 — Petit sucrier ovale en argent, modèle Louis XV.

63 — Coupe en émail fond rose, décorée de médaillons à personnages dans des paysages.

64 — Flacon à sels en cristal ; monture en or.

65 — Autre flacon à sels en cristal; monture en or ciselé.

66 — Porte-bouquet, forme coquille en cristal, supportée par un dauphin en bronze doré, et petite tasse en porcelaine de Chine sur pied en bronze.

BRONZES

67 — Paire de chenets en bronze doré. Style Louis XVI. Modèle à vases enflammés.

68 — Garniture de cheminée en bronze doré, à figures d'amours, composée d'une pendule et de deux candélabres à six lumières. 350

69 — Paire de grands chenets en bronze poli, de style Renaissance.

70 — Garniture de cheminée en bronze doré, composée d'une pendule à figure de femme accoudée sur le cadran et de deux candélabres trépieds à cinq lumières. Commencement du XIXe siècle. 410

71 — Paire de grands chenets en bronze patiné, à figures de Jupiter et de Junon, sur socles à mascarons et statuettes d'enfants. Style XVIe siècle. Avec pelle et pincettes en fer. 575

72 — Paire de grands candélabres à neuf lumières en bronze ciselé et poli, de style Louis XIV.

73 — Petite veilleuse, formée par un cygne, en bronze doré. Premier Empire.

74 — Vase à piédouche en bronze ciselé et doré, décor à guirlandes de fleurs et figures d'enfants; socle en marbre blanc avec frise à entrelacs. Style Louis XVI. 200

75 — Paire de flambeaux-cassolettes en bronze ciselé et doré, sur trois pieds forme à consoles. Style Louis XVI.

76 — Paire de coupes en bronze ciselé et doré, à figures d'amours et de cygnes.

77 — Deux brûle-parfums en bronze ciselé et doré, forme trépieds ; socle en marbre vert de mer. Style Louis XVI.

78 — Coupe en bronze, supportée par un groupe des Trois Grâces, d'après Germain Pilon ; socle en marbre rouge.

79 — Vase en bronze, patine verte, style antique, décoré en relief d'une frise à personnages.

80 — Deux aiguières en bronze patiné et poli, décorées sur la panse et en relief de bacchanales d'enfants. Anses de serpent.

81 — Paire de candélabres, à figures d'amours supportant quatre lumières, bronze et bronze doré. Commencement du XIXe siècle.

82 — Paire de candélabres en bronze ciselé et doré, composés chacun d'un groupe d'enfants posé sur un socle et supportant des bouquets à quatre lumières électriques ; contre-socle en marbre blanc. Style Louis XVI.

83 — Candélabre de bouillotte, composé d'un groupe de trois enfants en bronze ciselé et doré, supportant des trompes de chasse formant lumières ; socle cannelé en marbre blanc. Style Louis XVI.

84 — Brûle-parfums tripode en bronze chinois ; couvercle surmonté d'un chien de Fô.

85-86 — Deux vitrines d'appliques en bronze, monture à cage, supportées par une console à rinceaux se terminant par des têtes de béliers.

87 — Grande jardinière oblongue en bronze ciselé et doré, décor en relief, dans le goût oriental.

88 — Paire de vases sur plateau en bronze cloisonné, fond bleu-turquoise, décor à fleur.

89 — Statuette en bronze : David vainqueur de Goliath, de A. Mercié, édition de *Barbedienne.*

Haut., 55 cent.

90 — Statuette en bronze : Mercure, d'après Jean de Bologne, édition de *Barbedienne;* socle en marbre noir.

Hauteur totale, 83 cent.

91 — Deux statuettes en bronze patiné : Faune et Bacchante.

92 — Petit lustre en bronze doré, forme carquois, à trois lumières électriques.

93-94 — Deux lustres en bronze ciselé et doré, garnis de cristaux, à vingt-quatre lumières électriques.

95-96 — Deux grands lustres en bronze ciselé et doré, à figures d'amours, garnis de cristaux.

97 — Paire d'appliques de même modèle en bronze ciselé et doré, à cinq lumières électriques.

98 — Lustre en bronze ciselé et doré, à coquilles en cristal ; disposé pour l'électricité.

99 — Lustre en bronze doré et coquilles en cristal ; disposé pour l'électricité.

100 — Grande suspension, à lampe centrale, en bronze ciselé et poli, supportant des appliques à vingt-huit bougies électriques. Style Renaissance.

101 — Paire d'appliques en bronze poli, à cinq lumières électriques. Style Renaissance.

TABLEAUX

CHAMPIN

102 — *Cour intérieure d'un monument.*

Aquarelle.

G. CLAIRIN

103 — *Arabes à la porte d'une mosquée attendant la sortie du Pacha.*

Toile. Haut., 1 m. 40 cent. ; larg., 2 m. 50 cent.

ÉCOLE FRANÇAISE DU XVIIIe SIÈCLE

104 — *Quatre dessus de porte, de forme cintrée à figures d'amours.*

Peintures en grisaille.

VALERIO

105 — *Guerriers orientaux partant en expédition.*

VALERIO

106 — *Convoi de blessés.*

VALERIO

107 — *La Coupe du Goëmon à Carnac (Morbihan).*

VALERIO

108 — *Attelage breton.*

MARBRES

109 — Coupe en marbre onyx, montée en bronze doré. 405

110 — Paire de gaines en marbre rouge et blanc. 250

111 — Paire de gaines en marbre noir et rouge veiné blanc. 840

112 — Groupe en marbre blanc : la Jeune Fille à l'épine. Socle en marbre veiné. 700 Saint

113 — Statue de Bacchante en marbre blanc. Signée : *Le Quesne. 1870*. Elle pose sur un fût de colonne cannelée, à base quadrangulaire en pierre. 1350

Hauteur de la statue : 1 m. 50 cent.
Hauteur du socle : 1 m. 32 cent.

114 — Belle cheminée en marbre blanc, garnie de bronzes ciselés, présentant des cariatides, des brûle-parfums, des statuettes de femmes et autres ornements divers. Époque Premier Empire. 2740

Larg., 1 m. 64 cent. ; haut., 1 m. 10 cent. ; profond., 0 m. 37 cent.

115 — Importante garniture de cheminée en marbre fleur de pêcher, garnie de bronze ciselé et doré, composée d'une grande coupe ovale, décorée de guirlandes de feuillages, de soleils et de têtes de chérubins sur quatre pieds à griffes, et de deux grands vases à cannelures, décorés de guirlandes de lauriers et surmontés de candélabres en bronze doré, à sept lumières électriques. 1910

MEUBLES, SIÈGES

116 — Table-support en bois de fer, incrusté de nacre. Travail chinois.

117-118 — Deux buffets bas en noyer sculpté, ouvrant à deux portes; dessus en marbre vert de mer.

119 — Table de salon en bois noir et mosaïque de bois de couleurs; ornements en bronze doré.

120 — Paire de grandes gaines en bois noir, garnies de bronzes ciselés et dorés et ornées d'applications en matières dures.

121-122 — Deux meubles d'entre-deux en bois noir, garnis de bronzes, ouvrant à un vantail, ornés de branches, fruits et oiseaux en matières dures.

123 — Meuble d'entre-deux en bois noir et marqueterie de cuivre, orné de bronze; dessus en marbre blanc.

124 — Table-servante à crémaillère en noyer sculpté.

125 — Meuble d'entre-deux en chêne sculpté, ouvrant à un vantail, décoré en relief d'une figure de danseuse.

126 — Table en noyer incrusté d'ivoire. Travail dit certosine.

127-128 — Deux grands porte-manteaux en chêne sculpté et tablettes cannées.

129 — Grande glace psyché, montants et encadrement en chêne sculpté, fronton à armoiries et cornes d'abondance. 255

130 — Porte-parapluies en chêne sculpté, à figures d'amours. 165

131 — Gaine d'applique en chêne sculpté, cariatide de femme.

132 — Paravent, à quatre feuilles, en satin crème, brodé de corbeilles fleuries et d'ornements divers en soies de couleur. Monture en bois doré. 120

133 — Paravent, à quatre feuilles brodées sur fond crème, et gainées de peluche verte.

134 — Écran en bois sculpté et doré : feuille brodée de fleurs et d'oiseaux sur fond de satin crème. Style Louis XVI. 200

135 — Statuette de négresse au tambourin, en bois sculpté, sur socle à dauphins.

136 — Glace biseautée, dans un cadre à fronton en verre de Venise gravé.

137 — Deux colonnes torses, surmontées de chapiteaux en bois sculpté, décorées de ceps de vigne en relief.

138 — Grande table en noyer sculpté, piètement à colonnettes cannelées. Style Renaissance. 420

139 — Billard en acajou de Guéret avec ses accessoires. 1000

140 — Console en bois sculpté et doré sur quatre pieds cannelés, reliés par une entrejambe; dessus en marbre vert. Style Louis XVI. 225

840 141-142 — Deux consoles d'applique, forme demi-lune, en bois sculpté et doré, de style Louis XVI, bandeaux à rinceaux feuillagés et guirlandes de fleurs ; dessus de marbre. Style Louis XVI.

660 143-144 — Deux tables à jeu, en marqueterie de bois de palissandre, à moulures et ornements de bronze ciselé et doré.

520 145 — Guéridon sur quatre pieds en acajou. La ceinture est décorée d'une frise en bronze ciselé et doré, présentant des rinceaux et des vases de fleurs : dessus en marbre brèche à galerie de cuivre. Style Louis XVI.

1000 146 — Grand régulateur en bois noir, cadran de *Mouton*, à Versailles, indiquant les mois, les jours, les heures, les minutes et les secondes.

1350 147 — Piano à queue en palissandre fileté de cuivre, d'Erard.

1350 148 — Ameublement de salle à manger en bois de noyer sculpté et ciré, composé de : un grand buffet-dressoir, à tablette de marbre posant sur des colonnes enguirlandées de fleurs, garni de trois tiroirs et surmonté d'un panneau présentant, sculpté en relief, un cortège de Vestales : une table et sept allonges 1/2 et vingt chaises garnies de velours vert galonné jaune.

3900 Beurdeley 149-150 — Deux beaux meubles d'entre-deux, ouvrant à deux portes décorées de panneaux en laque sur fond aventuriné et flanqués de colonnettes à cannelures en spirales, frise à rinceaux et petits bacchants en bronze doré : les côtés, de forme galbée, sont en marqueterie de bois de couleur, à quadrillés et fleurettes sur fond de citronnier : dessus en marbre. Ces meubles portent l'estampille de *A. Beurdeley*, à Paris.

455 151 — Deux grands fauteuils en bois sculpté et doré, accotoirs à rinceaux, garnis en velours ciselé sur fond crème.

152 — Deux bergères en bois sculpté et doré, de style Louis XVI, garnies en soie fond rose, décor à corbeilles de fleurs et feston.

153 — Deux canapés et deux fauteuils en acajou et moulures de cuivre, couverts en velours ciselé fond vert.

154 — Petit canapé-confident en bois sculpté et doré, garni de canne et d'un coussin en velours vert. Style Louis XVI.

155 — Quatre chaises en bois d'acajou ciré, ornées de bronze ciselé et doré et garnies de canne, avec coussins en velours frappé vieux rose. Style Louis XVI.

156 — Quatre chaises en bois sculpté et doré, dossiers à médaillons, garnies de canne avec coussins en velours ciselé sur fond gris. Style Louis XVI.

157 — Quatre chaises en bois sculpté et doré, dossiers à lyres et feuillages, garnies de velours découpé en quadrillé sur fond de soie crème. Style Louis XVI.

158 — Quatre chaises en bois sculpté et doré, à dossiers carrés, garnies de canne avec coussins à branches de fleurs, en velours sur fond gris.

159 — Banquette en bois sculpté et doré, garnie de canne et de trois coussins en soie brodée à fleurettes et feuillages sur fond gris.

160 — Cinq fauteuils en noyer sculpté, accotoirs à têtes de béliers, garnis en velours vert galonné, fond gris. Style Renaissance.

161 — Tabouret de piano en bois sculpté et doré, garni en soie grise brodée de fleurs et d'ornements en soies de couleur.

162 — Ameublement de salon, garni en tapisserie d'Aubusson du temps de Louis XVI, composé d'un canapé et huit fauteuils en bois doré. Le canapé présente dans des encadrements à lambrequins, au dossier, des jeux d'enfants, et, sur le siège, une chasse au sanglier sur fond gris. Les fauteuils et les chaises offrent aux dossiers des petits personnages et sur les sièges des animaux et des oiseaux ; contre-fond vert clair.

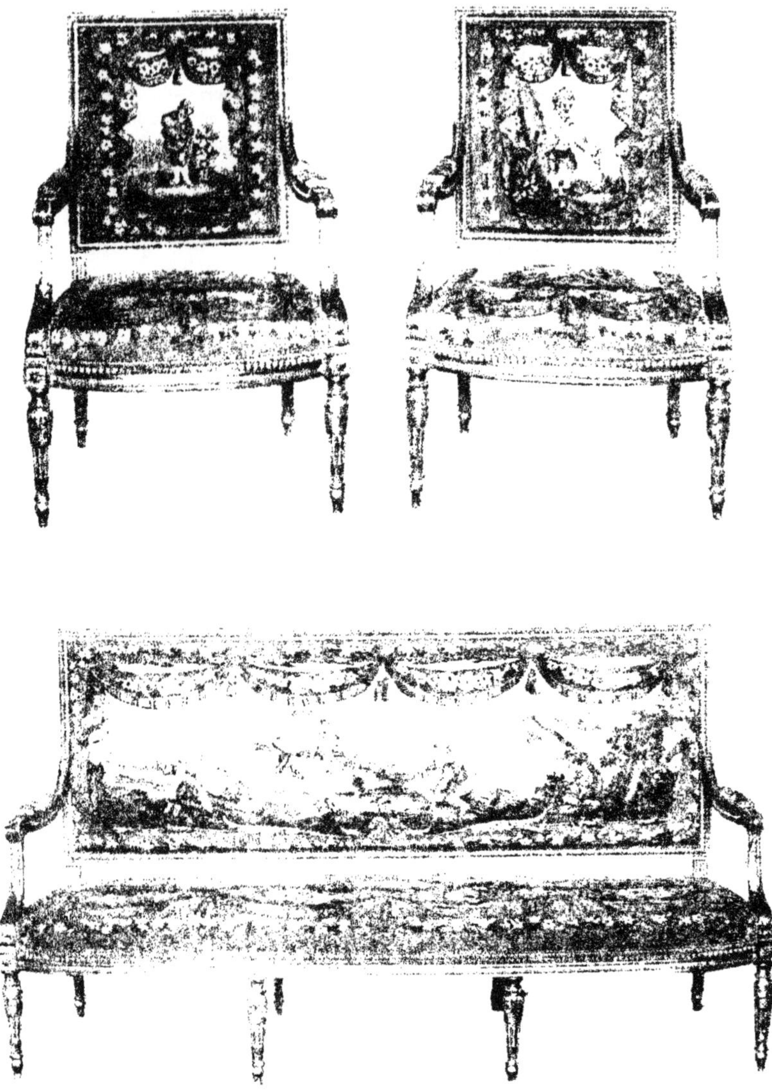

[illegible] — Ameublement de salon garni en tapisserie d'Aubusson du temps de Louis XVI, composé d'un canapé et huit fauteuils [illegible] Le canapé [illegible] des encadrements [illegible] [illegible] de fer, des [illegible] sur le dossier, [illegible] sur [illegible] fond gros [illegible] chaise offre [illegible] de petits [illegible] des animaux [illegible] des [illegible] [illegible]

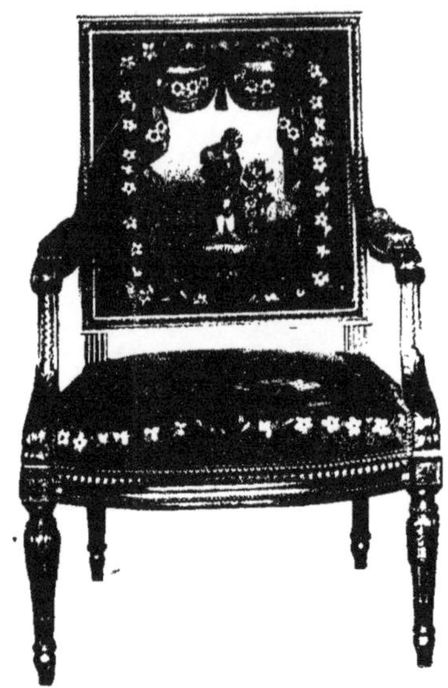
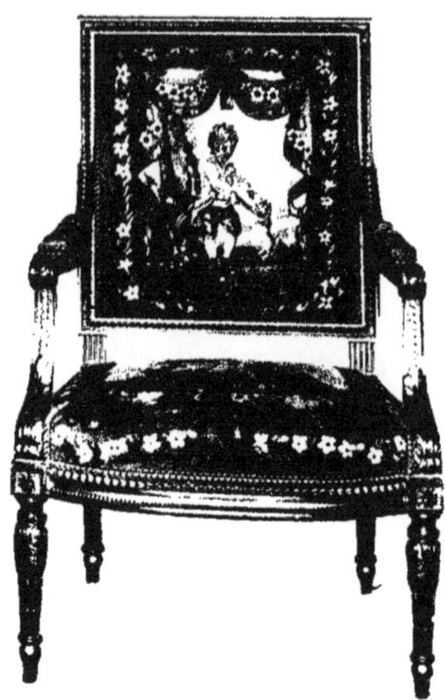
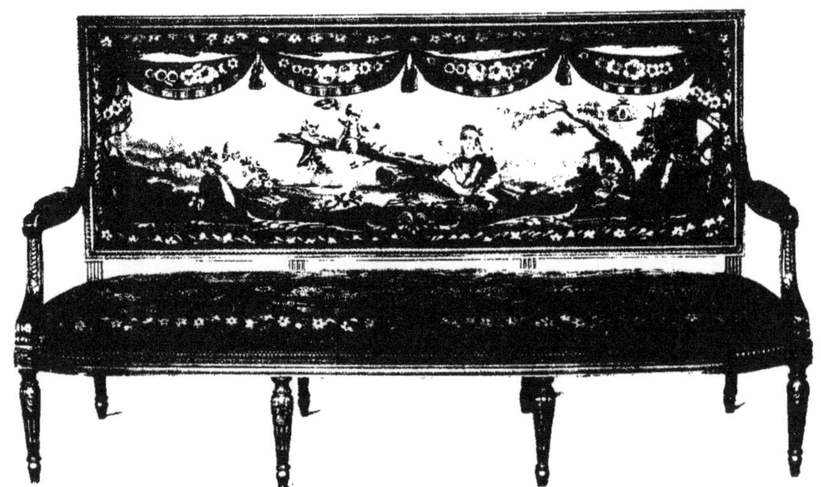

N° 162

Phototypie Berthaud, Paris

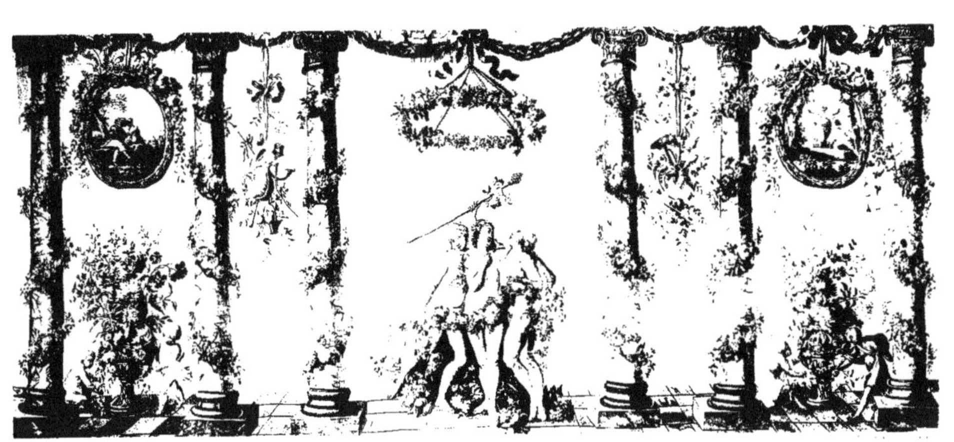

N° 16[illegible]

TAPISSERIES ANCIENNES

TENTURES — TAPIS D'ORIENT

TAPIS

163 — Importante tenture, composée de trois panneaux en tapisserie, d'époque XVIIIe siècle. Le plus grand présente, sous une colonnade enguirlandée de fleurs, un groupe de trois nymphes et aux extrémités des vases de fleurs et des enfants ; la partie supérieure est décorée de médaillons à petits personnages et de trophées d'instruments champêtres suspendus à des nœuds de rubans et reliés par des guirlandes de verdure. Les deux autres panneaux offrent une décoration analogue. 62 000 Romeuf

Grand panneau : Larg., 6 m. 5 cent. ; haut., 2 m. 65 cent.
Chacun des deux autres : Larg., 98 cent. ; haut., 2 m. 65 cent.

164 — Grande cantonnière, composée d'un bandeau à figures d'amours et guirlandes de fleurs en tapisserie moderne et de deux montants à colonnes enguirlandées de fleurs, en ancienne tapisserie. La partie se trouvant au-dessus des chapiteaux et les bases sont en tapisserie moderne. 2 220 Samary

Haut., 4 m. 30 cent. ; larg., 3 m. 5 cent.

165 — Panneau en ancienne tapisserie, décor d'après Huet, représentant, dans un paysage, une bergère gardant les moutons. Epoque XVIIIe siècle. 3 550 Maurice Demont

Haut., 3 m. 5 cent. ; larg., 1 m. 15 cent.

166 — Panneau en tapisserie du XVIIIe siècle, représentant une bergère tenant une couronne de fleurs et un pâtre jouant de la cornemuse, fond de paysage et animaux. 4 300 Maurice Demont

Haut., 3 m. 5 cent. ; larg., 1 m., 5 cent.

167 — Panneau en même tapisserie, représentant : le Galant Berger, fond de paysage avec monuments.

Haut., 3 m. 5 cent. ; larg., 1 m. 5 cent.

168 — Tenture murale, composée de six panneaux en ancienne tapisserie à sujets tirés de l'histoire ancienne ; bordure à trophées guerriers. XVIIe siècle.

1. *Le Combat.*

Haut., 2 m. 90 cent. ; larg., 2 m. 10 cent.

2. *Le Triomphateur.*

Haut., 2 m. 85 cent. ; larg., 4 m. 65 cent.

3. *La Collation.*

Haut., 2 m. 85 cent. ; larg., 4 m. 90 cent.
Coupée à droite dans le bas.

4. *Le Chef vaincu.*

Grande haut., 2 m. 80 cent. ; larg., 1 m. 65 cent.
Coupée dans le haut à gauche.

5. *Le Grand Prêtre.*

Grande haut., 1 m. 40 cent. ; larg., 4 m. 60 cent.
Coupée à gauche.

6. *Guerrier dans un Palais.*

Haut., 2 m. 95 cent. ; larg., 90 cent.
Ces deux derniers panneaux ont des parties refaites dans le haut.

169 — Grande tapisserie du temps de la Renaissance, représentant à gauche, sous le péristyle d'un palais, un jeune seigneur essayant une armure que lui présentent des serviteurs. A droite, une grande dame reçoit un couple de paysans qui lui apporte un paon et des volatiles ; ce dernier groupe se détache sur un fond de parc dont on aperçoit les grands arbres. Bordure à guirlande de fleurs et fruits.

Haut., 2 m. 90 cent. ; larg., 5 m. 30 cent.

170 — Fragment de tapisserie, représentant des personnages et des animaux dans un paysage. XVIe siècle.

Haut., 1 m. 85 cent. ; larg., 1 m. 50 cent.

171 — Bandeau en ancienne tapisserie à figure de femme, cariatides et guirlande de fleurs. xvie siècle.

Haut., 42 cent. ; larg., 1 m. 80 cent.

172 — Trois panneaux et une bande en ancienne tapisserie verdure à figures d'oiseaux dans des paysages.

Haut., 2 m. 5 cent. ; larg., 1 m. 13 cent.
Haut., 2 mètres; larg., 58 cent.
Haut., 1 m. 90 cent. ; larg., 87 cent.
Haut., 2 m. 5 cent. ; larg., 18 cent.

173 — Deux portières en velours vert galonné gris, accompagnées de deux bandeaux en ancienne tapisserie. L'un à figure de Renommée, l'autre formé d'un morceau de bordure à palmes et fleurs.

Larg. du premier, 2 m. 20 cent. ; haut., 45 cent.
Larg. du second, 2 m. 20 cent. ; haut., 40 cent.

174 — Housse de piano en velours rose et bandes de satin brodé au point de chainette, de fleurs, de feuillages et d'instruments de musique.

175 — Tapis de billard en soie grise, brodée à fleurs et ornements en soies de couleur.

176 — Paire de grands rideaux en soie verte.

177 — Deux décors de fenêtres, composés chacun d'une paire de grands rideaux en satin vert clair et velours ciselé à médaillon. d'oiseaux et guirlandes de fleurs.

178 — Décor de fenêtre en velours jaspé vert et galonné jaune.

179 — Huit brise-bise en soie crème brodée.

180 — Carpette orientale à dessin polychrome, encadrée de moquette rouge.

Long., 3 m. 50 cent. ; larg., 1 m. 60 cent.

350 181 — Grande carpette orientale, fond bleu ; bordure fond rouge.

Long., 3 m. 75 cent. ; larg., 3 m. 5 cent.

1180 182 — Carpette d'Orient, à dessin polychrome et médaillon central, fond jaune.

Samary

Long., 3 m. 30 ; larg., 2 mètres.

520 183 — Carpette d'Orient, fond rouge ; dessin à palmes en couleurs.

Long., 3 m. 5 ; larg., 1 m. 85 cent.

565 184 — Autre carpette d'Orient, dessin de carrés à pans coupés en polychrome.

Long., 3 m. 45 ; larg., 1 m. 80 cent.

1005 185 — Grande carpette orientale en deux parties, à médaillons, fond rouge, jaune et vert.

Long., 3 m. 60 ; larg., 2 m. 40 cent.

186 — Grande carpette d'Orient, fond rouge, à médaillon central, fond bleu.

Long., 4 m. 45 ; larg., 2 m. 75 cent.

187 — Grand tapis en moquette rouge, à dessins ton sur ton.

188 — Grand tapis en moquette rouge, à guirlandes de feuillage ton sur ton.

MOBILIER COURANT

Total 183.000 fr.

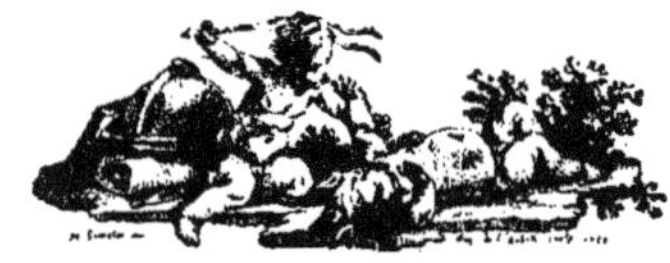

www.ingramcontent.com/pod-product-compliance
Ingram Content Group UK Ltd.
Pitfield, Milton Keynes, MK11 3LW, UK
UKHW022006260726
13994UKWH00004B/1968